ABeCedario SALVAJE

BRICKHOUSE
EDUCATION

Managing Editor: Alison Keating
Editors: Cliff Clark, David Mallick
Designer: Ricardo Potes

Published in the United States by BrickHouse Education
BrickHouse Education is a division of Cambridge BrickHouse, Inc.

Cambridge BrickHouse, Inc.
60 Island Street
Lawrence, MA 01840
U.S.A.

Library of Congress Cataloging-in-Publication Data

Canetti, Yanitzia, 1967-
  Abecedario salvaje / Yanitzia Canetti. -- 1st ed.
      p. cm.
  Summary: Rhyming Spanish verses relate how animals (from "ardilla"
to "zorro") behave in their natural habitats. Includes animal facts.
  ISBN 978-1-59835-117-0 (alk. paper)
  [1. Stories in rhyme. 2. Animals--Habits and behavior--Fiction.
  3. Alphabet. 4. Spanish language materials.] I. Title.

PZ74.3.C25 2009
[E]--dc22
                                        2009037929

First Edition
Printed in Singapore
10 9 8 7 6 5 4 3 2 1

ABeCedario SALVAJE

Yanitzia Canetti

A a

La **ardilla** anda apurada.

Ahora almuerza alegremente.

La ardilla anda animada.

Ahora avanza atentamente.

B b

Beto es un **burro** bonito.
Busca bayas bien blanditas.
Beto es un burro bajito.
Su barriga es bien blanquita.

¿Cuántos cacahuates carga
el **camello** Cocotino?
¡Carga cantidad de cosas!
¡Y se cansa en el camino!

C c
(sonido *k*)

C c
(sonido *s*)

Cinco cebritas se citan
para una celebración.
¿Y qué celebran las **cebras**?
¡Al cerro se fue el león!

Ch ch

Un **chacal** caprichoso,
chillón y chaparrito
se daba un chapuzón
en un charco chiquito.

D d

Un **delfín** desanimado
durante dos días durmió.
Después despertó dichoso.
¡Y por dos días danzó!

E e

El **elefante** está enfangado.
¿Está entonces enojado?
¡El elefante está entretenido!
¡El elefante está entusiasmado!

F f

La **foca** Filomena
es fuerte y fabulosa.
Fíjate en esta foto.
¡Filomena es famosa!

G g

(sonido g)

¡Qué ganas tiene el **gato**,
de agarrar al ratón!
¡Qué gato tan goloso,
gordito y juguetón!

El **gibón** gira y gira.
El gibón es un mono genial.
El gibón tiene brazos gigantes.
Y hace gestos, por lo general.

G g
(sonido *j*)

13

H h

Una hermosa hoja en la hierba,
la **hormiguita** logró hallar.
Hace un hoyito en el huerto.
El hormiguero es su hogar.

Ii

Por una isla iba una **iguana** con el estómago inflado. En su boca se introdujo un insecto inesperado.

15

Un jueves del mes de julio, una **jirafa** joven y jocosa jalaba unas hojitas, juguetona y jubilosa.

J j

El **koala** come kiwi.
El koala es comilón.
Pesa varios kilogramos
y es un poco dormilón.

K k

Ll

Un **león** luce su melena
en un lindo y lejano lugar.
Y luce su larga lengua
cuando se va a levantar.

Ll ll

La **llama** es llamativa.
Ella va llena, cargada
más allá de la llanura.
¡Y yo espero su llegada!

M m

El **mono** de Malasia
sale cada mañana
y mira con mucho miedo
mientras muerde la manzana.

En noviembre, una **nutria**
nada notablemente.
Nada bajo las nubes
y en las noches nuevamente.

N n

Ññ

El **ñandú** no es ñoño.
Riñe pero no te daña.
No es un ave pequeña,
¡y hace años no se baña!

Oculto en la oscuridad,
¿qué observa el **oso**?
Observa ocho ovejas
con sus ojos ojerosos.

Pupo, un **perrito** peludo,
por un parque paseaba.
Pero el perro, perezoso,
la pelota no pateaba.

P p

24

¿De qué te quejas, **quetzal**?
Quizás quieres que te quiera.
Quédate en tu bosque tropical,
que yo te quiero dondequiera.

Qq

25

R r

Una **rana** de ojos rojos
rozaba una ramita.
¿De qué ríe tan risueña
esa rana rechiquita?

S s

Por el suelo, la **serpiente**
serpentea suavemente.
Su sonido es singular,
¡y suele ser sorprendente!

27

T t

Una **tortuga** no le teme
ni al tigre ni al tritón.
¿A quién le teme tanto?
¡A todo tipo de tiburón!

U u

Una **urraca** es única.
Usa su pico útilmente.
Las urracas son unidas.
Se unen en casos urgentes.

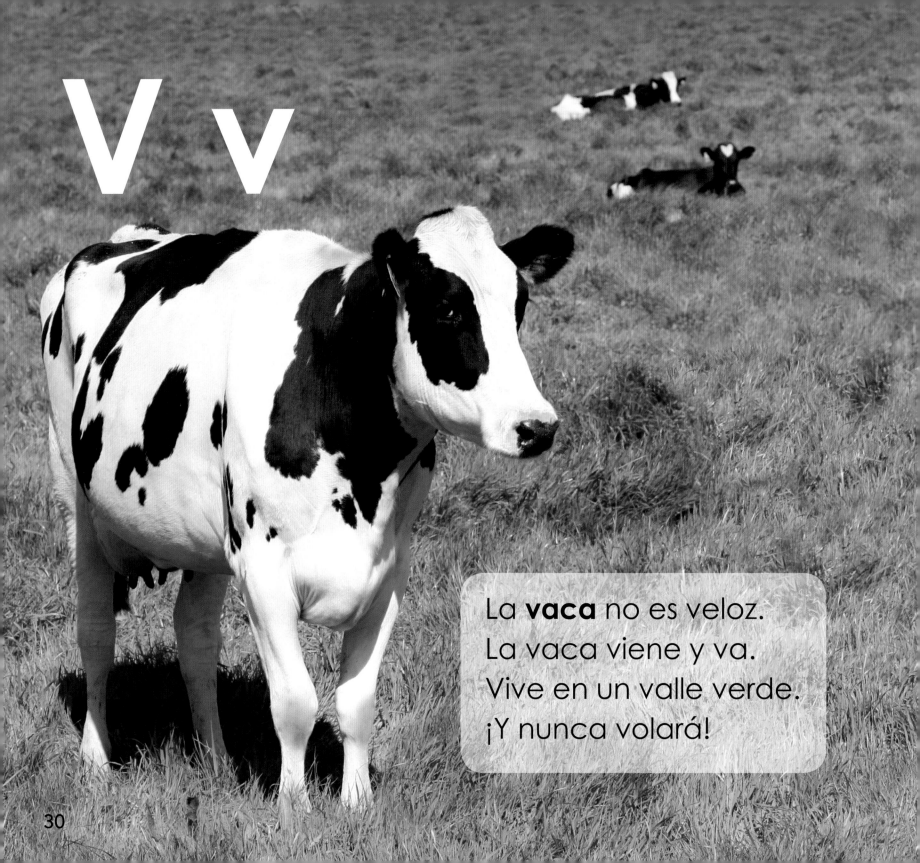

V v

La **vaca** no es veloz.
La vaca viene y va.
Vive en un valle verde.
¡Y nunca volará!

W w

En un bosque de Washington, William vio un **wapití**. También lo vio en Wyoming. ¡En la web yo lo vi!

X x

El pez **rayos X** sí existe.
Álex lo vio en el acuario.
¿Alguna vez tú lo viste?
¡Es un pez extraordinario!

Un **yak** yace en la hierba.
El yak ayuda a la gente.
Come yerbajos del monte.
¡Que nadie lo ahuyente!

Y y

Un **zorro** zigzaguea
en la zona del zarzal.
Cruza el zacate y la zanja.
¿Cazará algún animal?

Z z

Palabras nuevas

ahuyente	espante, asuste para que se aleje
avanza	va hacia adelante
bayas	tipo de frutas, como los arándanos y las frambuesas
chapuzón	acto de meterse al agua para refrescarse
churroso	sucio
citan	se reúnen
desanimado	que no tiene ánimo ni alegría, triste
dichoso	feliz, contento, animado
entretenido	que no está aburrido, que se divierte
entusiasmado	alegre, contento, animado
genial	bueno, maravilloso, estupendo
golosinas	dulces
goza	disfruta, le gusta mucho
jocosa	alegre
jubilosa	animada, entusiasta, contenta
kilogramos	una medida para saber cuánto pesa algo
llamativa	atractiva, que llama la atención
melena	pelaje que rodea la cabeza del león
ñoño	consentido, mimado
ojerosos	que tienen ojeras debajo de los ojos, cansados, agotados
risueña	que se ríe con facilidad
rozaba	tocaba con el cuerpo
teme	tiene miedo
valle	lugar llano y verde que está entre montañas
veloz	rápido
web	red de Internet donde se puede encontrar información
yace	reposa, descansa
yerbajos	hierbas que crecen en el campo
zacate	césped, grama, hierba, pasto
zanja	canal por donde corre el agua
zarzal	donde hay arbustos espinosos
zigzaguea	serpentea, anda en zigzag

¡QUÉ INTERESANTE!
(más datos acerca de los animales del libro)

ARDILLA

La ardilla es muy miedosa. Apenas oye un ruidito, huye hacia los árboles donde se siente segura. Pero es tan curiosa que se asoma para ver qué o quién la asustó. Se alimenta de frutas secas y semillas. ¡Puede limpiar un piñón en solo 3 minutos!

BURRO

El burro es un animal doméstico que vive cerca de los humanos y los ayuda a llevar cargas de un lado a otro. "Burro" significa "caballo pequeño". Los burros comen pasto o vegetales blandos. Engordan fácilmente y por eso deben ejercitarse.

CAMELLO

El camello es un animal del desierto. Bebe hasta 180 litros de agua de una sola vez y camina sin volver a beber por más de 10 días. Como es muy fuerte, lleva cargas y personas de un lado a otro. Es obediente, pero si se enoja, da patadas y escupe.

CEBRA

La piel a rayas de la cebra la ayuda a esconderse de su enemigo: el león. El león no distingue bien los colores y se confunde cuando una cebra se esconde entre las hierbas. Además, las cebras se mueven juntas para parecer un solo animal.

CHACAL

El chacal es de la misma familia que los perros, pero es salvaje. Prefiere andar de noche cuando no hace calor. Es tan resistente que anda durante toda la noche. Por el día se refugia del calor y se da un chapuzón en los charcos para refrescarse.

DELFÍN

Al contrario del tiburón, el delfín no es un pez. Es un mamífero, como los humanos. Esto significa que respira el aire y no pone huevos. Es muy inteligente y amigable. Hay más de 40 tipos de delfín, pero el delfín mular es el más común y conocido.

ELEFANTE

El animal más grande que camina sobre la tierra es el elefante. Usa su trompa larga y fuerte como una mano para agarrar comida y otros objetos. El elefante se tira tierra encima para bloquear el sol y mueve sus grandes orejas para mantenerse fresco. Es tan fuerte que la gente usa al elefante para tumbar y cargar árboles.

FOCA

La mayoría de las focas vive en el ártico. Sobreviven en el frío porque tienen una capa gruesa de grasa debajo de la piel. Pasan mucho tiempo dentro del agua, pero les gusta asolearse en la tierra. ¡Pueden sumergirse 1000 pies debajo del agua!

GATO

Los gatos son la segunda mascota más popular en Estados Unidos. Hay más de 88 millones de gatos domesticados. Ellos ven muy bien en la oscuridad y son muy dormilones. ¡Duermen entre 12 y 14 horas al día!

GIBÓN

El gibón tiene brazos muy largos. Usa sus brazos para columpiarse de rama en rama. Los gibones duermen sentados, con los brazos alrededor de las rodillas y la cabeza entre las piernas. Varios tipos de gibones están en peligro de desaparecer.

HORMIGA

Como todos los insectos, las hormigas tienen 6 patas. Las patas de las hormigas son muy fuertes. Las hormigas pueden cargar hasta 20 veces su propio peso. ¡Las hormigas más comunes solo viven entre 45 y 60 días!

IGUANA

Las iguanas pueden medir hasta 6 pies y medio de largo. Son uno de los reptiles más comunes en Estados Unidos. Son animales muy ágiles, es decir, muy rápidos y flexibles. Pueden sobrevivir a caídas de 40 pies de altura.

JIRAFA

Las jirafas son los animales más altos de la Tierra. Sus lenguas son oscuras y muy flexibles. Con ellas arrancan las hojas de los árboles. ¡Las jirafas comen 140 libras de comida al día!

KOALA

Los koalas son mamíferos y parientes de los canguros. Los koalas comen principalmente hojas de eucalipto. ¡Son los únicos animales que pueden digerir estas hojas! Para los demás animales, el eucalipto es como un veneno.

LEÓN

Los leones son muy fuertes y poderosos. Son excelentes cazadores. Los leones son carnívoros. Esto significa que comen carne. Su alimento favorito es la cebra. Las leonas suelen cazar. Solo los leones machos tienen melena.

LLAMA

Las llamas son de la misma familia que el camello. Son muy obedientes y pueden ser muy buenas mascotas. Gracias a la forma de sus patas, las llamas pueden caminar sobre todo tipo de terreno, como el suelo rocoso de las montañas.

MONO

Existen alrededor de 125 tipos de monos. Ellos pasan la mayor parte de sus vidas sobre las ramas de los árboles. Las mamás cargan a sus crías con su larga cola para evitar que se alejen y se pierdan.

NUTRIA

La nutria es uno de los pocos mamíferos que puede usar herramientas. Usan piedras para romper las conchas y los huesos de los peces pequeños antes de comérselos. Las nutrias pueden permanecer debajo del agua hasta 5 minutos.

ÑANDÚ

Aunque el ñandú tiene alas y es un ave, no puede volar. Cuando los ñandúes corren, extienden y mueven sus alas para ser más veloces. Los ñandúes pueden medir casi 6 pies de alto y pesar hasta 88 libras.

OSO

Existen solo 8 tipos de osos. Los osos polares son carnívoros. Los osos panda se alimentan únicamente de hojas de bambú. Las otras seis especies comen vegetales y carne. Son animales solitarios, ya que les gusta estar solos.

PERRO

Existen unas 700 razas de perros. Los perros son las mascotas más populares en Estados Unidos, el país que más perros tiene. Los perros no pueden comer chocolate porque les hace mucho daño.

QUETZAL

Los quetzales son pájaros muy coloridos. Ellos viven en las regiones tropicales del continente americano. Los aztecas lo consideraban un animal sagrado. En náhuatl, "quetzal" significa "cola brillante emplumada".

RANA

Las ranas no beben agua. ¡Ellas absorben el agua a través de la piel! Las ranas son anfibios. Esto significa que viven parte de su vida en el agua y parte en la tierra. Las ranas se alimentan de gusanos y de insectos. No pueden masticar su alimento. Se tragan la comida entera.

SERPIENTE

Las serpientes pueden sobrevivir muchos días sin alimentarse. Estos animales usan su lengua para oler. Las serpientes deben cambiar de piel para mantenerse saludables. ¡Ellas se desprenden de su piel vieja como si se quitaran un calcetín!

TORTUGA

¡Algunas especies de tortugas pueden vivir 100 años! Ellas habitan en todos los continentes, excepto en la Antártida. Las tortugas han existido desde hace más de 200 millones de años. Las tortugas pueden sentir a través de su caparazón.

URRACA

Las urracas son aves que se alimentan de granos, frutas y otros animales, como las ranas pequeñas y las lagartijas. ¡Las urracas construyen nidos con un techo que protege sus crías! Tardan 40 horas en construirlos.

VACA

Una vaca puede producir 200 mil vasos de leche durante su vida. Durante el siglo XIX, muchas familias tenían una vaca propia. Las vacas tienen un sentido del olfato muy desarrollado. ¡Pueden oler algo que está a 6 millas de distancia!

WAPITÍ

El wapití es de la familia de los venados. Los wapitíes machos tienen una grande cornamenta que se cae y vuelve a crecer todos los años. Los wapitíes usan la cornamenta para defenderse de sus enemigos y atraer a su pareja.

PEZ RAYOS X

Los peces rayos X viven en los ríos de Sudamérica. Se llaman así porque puedes ver sus huesos a través de su piel. ¡Es como ver una radiografía! Estos peces son muy buenas mascotas porque son muy fáciles de cuidar.

YAK

Los yaks son animales salvajes, pero también hay yaks domesticados. La gente bebe su leche y los usa para cargar cosas. Además, su estiércol es utilizado como combustible para hacer fuego en la región del Tíbet.

ZORRO

Los zorros son animales carnívoros. Se alimentan de conejos, ratones y ardillas. Ellos son de la familia de los perros, pero se comportan como los gatos. Los zorros pueden trepar árboles y les gusta jugar con su presa antes de comérsela. Los coyotes y los lobos son enemigos del zorro.

Para obtener los mejores libros en español, inglés o bilingües dedicados a
cubrir varias materias del currículo de educación primaria, secundaria y universitaria
o para proponernos sus proyectos de publicación,
favor de escribir a:

Cambridge BrickHouse, Inc.
60 Island Street
Lawrence, MA 01840

www.BrickHouseEducation.com

Photography Credits:

All images copyrighted and used with Royalty-Free License from Dreamstime.com.

Cover images Eric Isselée; p. 4 Maksym Gorpenyuk; p. 5 Seesea; p. 6 Carolyne Pehora; p. 7 Gary Hartz; p. 8 Nico Smit; p. 9, 10 Duncan Noakes; p. 11 Stephen Meese; p. 12 Lee O'Dell; p. 13 Chanyut Sribua-rawd; p. 14 Rewat Wannasuk; p. 15 Ketian Chen; p. 16 Bucky_za; p. 17 Stephanie Swartz; p. 18 Pooftaesch; p. 19 Jose Tejo; p. 20 Anastasia Ryapolova; p. 21 Lucabertolli; p. 22 Musat Christian; p. 23 Maridant; p. 24 Raomn; p. 25 Sergey Tmenov; p. 26 Daniel Halfmann; p. 27 Maisan Caines; p. 28 Malcolm Leman; p. 29 Felinda; p. 30 Olga Bogatyrenko; p. 31 Picturefan1414; p. 32 Andrew Williams; p. 33 Diego Novelli; p. 34 Spydr; p. 40 Julián Rovagnati.